"La tyrannie meurtrière des Turcs"

Arnold Toynbee

Writat

Cette édition parue en 2024

ISBN : 9789359941103

Publié par
Writat
email : info@writat.com

Contenu

PRÉFACE.

Quiconque a étudié l'histoire du Proche-Orient au cours des cinq derniers siècles ne sera pas surpris que les puissances alliées aient déclaré leur intention de mettre fin à la domination turque en Europe, et encore moins ne sera-t-il pas en désaccord avec leur détermination à délivrez la population chrétienne de ce qu'on appelle l'Empire turc, soit en Asie, soit en Europe, d'un gouvernement qui, pendant ces cinq siècles, n'a fait que l'opprimer. Ces changements sont en effet attendus depuis longtemps. Ils auraient dû venir il y a plus d'un siècle, car il était déjà devenu évident que le Turc était désespérément inapte à gouverner, avec une quelconque approche de la justice, des races soumises à une autre religion. Le Turc n'a jamais été utile à d'autres fins que le combat. Il ne peut pas administrer, même si, dans ses premiers jours, il a eu le bon sens d'employer des administrateurs chrétiens intelligents. Il ne peut pas obtenir justice. En tant que pouvoir gouvernant, il s'est toujours montré incapable, corrompu et cruel. Il a toujours détruit ; il n'a jamais créé.

Ceux que nous appelons les Turcs ne constituent pas du tout une nation au sens propre du terme. Les Turcs ottomans étaient une petite tribu conquérante d'Asie centrale, gouvernée pendant les deux premiers siècles de leurs conquêtes par une succession de sultans singulièrement compétents et sans scrupules, qui soumettirent les populations chrétiennes d'Asie Mineure et d'Europe du Sud-Est, contraignant une partie de ces populations embrasser le mahométanisme et soutenir leur propre pouvoir en s'emparant des enfants des autres, en les convertissant de force à l'islam et en faisant d'eux une armée permanente efficace, les janissaires, par la valeur et la discipline desquels les guerres de conquête turques furent menées depuis du début du XVe au XIXe siècle. Comme l'écrivait un célèbre historien anglais, les Turcs ne sont qu'une bande de voleurs, campée dans les pays qu'ils ont désolés. Comme l'écrivait Edmund Burke, les Turcs sont des sauvages avec lesquels aucune nation chrétienne civilisée ne devrait former d'alliance.

La domination turque devrait prendre fin en Europe, car, même dans la petite partie du territoire que détient encore le sultan, c'est une puissance étrangère qui, dans cette région, a été et continue aujourd'hui d'opprimer ou de massacrer, de massacrer ou de chasser de son territoire. foyers, la population chrétienne de souche grecque ou bulgare. Il faudrait l'exclure des régions de la côte occidentale de l'Asie Mineure pour la même raison. Les gens là-bas sont en grande partie, peut-être pour la plupart, des chrétiens de langue grecque. Il faudrait donc le chasser de Constantinople, ville d'une importance commerciale et politique incomparable, dont on ne peut pas se fier à la tutelle. Il faut donc qu'il soit chassé de l'Arménie, de la Cilicie et de la Syrie, où, au cours des deux dernières années, il a détruit ses sujets chrétiens, la partie la plus pacifique, la plus industrieuse et la plus intelligente de la population.

Si un sultanat turc devait subsister, il pourrait, au moindre dommage pour le monde, exister en Asie Mineure centrale et septentrionale, où la population est principalement musulmane et où il y a relativement peu de chrétiens – et ceux-là même. seulement dans les villes – pour souffrir de sa mauvaise gouvernance. Même là, on regretterait ses sujets, musulmans comme chrétiens, mais un État turc faible, tel qu'il serait alors, ne pourrait pas se risquer aux crimes dont il s'est rendu coupable alors qu'il était relativement fort.

Que les fautes du gouvernement turc soient incurables, cela a été clairement démontré par le fait que la bande des Jeunes Turcs, qui a pris le pouvoir après avoir déposé Abd-ul-Hamid, a surpassé même ce monstre de cruauté dans le massacre des Arméniens inoffensifs. Le « Comité Union et Progrès » a commencé par promettre l'égalité des droits à toutes les races et confessions. C'était « l'Union ». Il entreprit immédiatement non seulement d'expulser les habitants parlant grec de l'Asie Mineure occidentale et d'exterminer les Arméniens, mais aussi de tenter de turquifier les Albanais (musulmans aussi bien que chrétiens) et de proscrire leur langue. C'est en fait ce que signifie « Union ». Ce que le « progrès » a signifié entre les mains de voyous comme Enver et Talaat, des musulmans prussiens pires que les vieux pachas turcs, nous l'avons tous vu au cours des trois dernières années. Le paysan musulman d'Asie Mineure est un homme honnête et bienveillant lorsqu'il n'est pas piqué par le fanatisme, mais le Turc, en tant que puissance gouvernementale, est irrécupérable, et les puissances alliées auraient trahi tous les principes de droit et d'humanité pour lesquels ils sont fidèles. combattre s'ils n'avaient pas proclamé qu'aucun gouvernement turc ne sera désormais autorisé à tyranniser les sujets d'une autre religion.

BRYCE.

"LA TYRANNIE MEURTRIÈRE DES TURCS."

LES OBJECTIFS DES ALLIÉS.

Le président Wilson, dans sa note adressée à tous les gouvernements belligérants, a appelé les deux parties à déclarer en pleine lumière les objectifs qu'elles se sont fixés en poursuivant la guerre. Les Nations alliées, dans leur réponse commune rendue publique le 11 janvier 1917, expliquent qu'elles ne rencontrent aucune difficulté à satisfaire à cette demande et concrétisent leurs propos en posant une série de conditions précises. Parmi eux figurent : -

« *La libération des peuples qui se trouvent désormais sous la tyrannie meurtrière des Turcs ; et*

« *L'expulsion d'Europe de l'Empire ottoman, qui s'est révélé si radicalement étranger à la civilisation occidentale.* »

Le plan des Alliés pour le règlement de la Turquie est ainsi communiqué au monde sans réserve, et il vaut la peine d'examiner ce qu'il implique et pourquoi il est juste.

LES PEUPLES SUJETS DE TURQUIE.

Quels sont les peuples de Turquie que les Alliés sont déterminés à libérer ? L'Empire ottoman compte un peu plus de 20 000 000 d'habitants, dont seulement 8 000 000 environ, soit moins de 40 pour cent. de l'ensemble, sont des Turcs. [1] Il y a 7 000 000 d'Arabes ; il y a 2 000 000 d'Arméniens (ou plutôt il y en avait avant les atrocités de 1915) ; les Grecs aussi sont à peu près deux millions, et il y a probablement le même nombre de montagnards non turcs : Kurdes, Nestoriens, Druses, Maronites, etc. Les peuples non turcs représentent ainsi plus de 60 pour cent. de la population de la Turquie. Ils étaient tous installés dans le pays avant l'arrivée des Turcs – les Turcs ont conquis l'Asie Mineure à peu près au moment où les Normands ont conquis l'Angleterre, tandis que plusieurs des races conquises y ont vécu depuis des temps immémoriaux – et toutes ces races ont été à leur plus bas niveau. depuis et aussi longtemps qu'ils sont sous le gouvernement turc.

Les Grecs furent les chefs de file de la civilisation dans le monde antique et au Moyen Âge, jusqu'à ce que l'empire grec de Constantinople soit conquis par les Turcs en 1453. À partir de ce moment, ils abandonnèrent leurs activités jusqu'à ce que la guerre de libération, il y a un siècle, restaure une partie du territoire. Nation grecque à l'indépendance. Les Grecs restés sous le gouvernement turc sont également restés coupés de la vie nationale grecque.

Les Arméniens furent les premiers à faire du christianisme leur religion nationale. C'est un peuple intellectuel, intelligent et travailleur dans les affaires pratiques et dans la vie spirituelle. Lorsqu'ils possédèrent un royaume indépendant, ils produisirent une belle littérature et une belle architecture que la conquête turque détruisit. Depuis lors, les Turcs ont réprimé tous les symptômes de la renaissance arménienne par des massacres, dont le plus terrible a eu lieu l'année dernière.

Les Arabes ont créé une merveilleuse civilisation à l'époque où l'Europe médiévale était dans son âge le plus sombre. Leurs découvertes en mathématiques, astronomie, chimie, médecine, sont les fondements de la science moderne, comme en témoignent les mots arabes de notre vocabulaire scientifique. Cette civilisation arabe a été submergée par les migrations turques d'Asie centrale au XIe siècle, puis effacée par les Mongols, qui ont suivi le sillage des Turcs et ont mis à sac Bagdad, la capitale arabe, au XIIIe siècle. Les Arabes restent la race la plus progressiste du monde islamique ; ils sont presque aussi nombreux que les Turcs dans la population de l'Empire ottoman, et ils ne sont pas séparés des Turcs par la différence de religion. Pourtant, le gouvernement turc les exclut de tout contrôle et a contrecarré leur renaissance avec autant de persistance qu'il a contrecarré celle des Arméniens et des Grecs. Eux aussi ont été massacrés et exilés pendant la guerre actuelle.

Les Kurdes, eux aussi, étaient là avant les Turcs, mais ils n'ont pas la même tradition que les trois autres races derrière eux. Dans leur cas, les Turcs n'ont pas détruit une civilisation existante, mais les ont empêchés d'acquérir la civilisation alors qu'ils en manifestaient la volonté. Le Kurde a été un berger de montagne sans foi ni loi pendant de nombreux siècles, mais il devient un cultivateur travailleur et paisible lorsqu'il descend dans les plaines. Le gouvernement turc a délibérément freiné cette tendance, qui a commencé à se manifester chez les Kurdes il y a environ un demi-siècle, en leur fournissant des armes et en leur permettant de harceler leurs voisins arméniens.

LA TYRANNIE MEURTRIÈRE DES TURCS : LA PREMIÈRE ÉTAPE.

Cette mutilation et cette déformation des peuples les plus doués constituent en soi un acte d'accusation capital contre la domination turque, mais ce tort est infiniment aggravé par les méthodes scandaleuses par lesquelles il a été perpétré. Ces méthodes sont à juste titre qualifiées de « *tyrannie meurtrière* » dans la réponse des Alliés à la question du président Wilson.

Il y a trois étapes dans l'histoire de la tyrannie ottomane, et la pire est celle d'aujourd'hui. L'État ottoman a été un État purement militaire du début à la fin. Osman, son fondateur, dont les Turcs Osmanli tirent leur nom, était le chef héréditaire d'une bande errante de flibustiers turcs d'Asie centrale, dont le père avait obtenu l'autorisation des sultans turcs déjà établis en Asie Mineure de se tailler une principauté au aux dépens des chrétiens voisins, tout comme les chevaliers teutoniques se taillèrent la principauté de Prusse aux dépens de la population indigène d'origine. Cette domination ottomane, qui commença ainsi au XIIIe siècle avec quelques kilomètres carrés de territoire en Asie Mineure du Nord-Ouest, s'étendit au cours des trois cents années suivantes jusqu'à s'étendre à quelques kilomètres de Vienne jusqu'à La Mecque et Bagdad. Elle détruisit l'ancien empire de Constantinople, qui avait conservé le savoir grec au Moyen Âge ; les royaumes chrétiens libres de Bulgarie, de Serbie, de Bosnie, de Valachie, de Moldavie et de Hongrie ; et les États musulmans indépendants d'Asie occidentale. Une telle carrière de conquête destructrice était un désastre pour la civilisation, et elle n'a été rendue possible que par un militarisme impitoyable.

La méthode ottomane de conscription consistait à prélever un tribut d'enfants sur les chrétiens conquis – autant d'enfants de chaque famille tous les quelques années – à les élever dans des casernes en tant que musulmans fanatiques et à les former en tant que recrues professionnelles. Ces « janissaires », militarisés dès leur jeunesse et séparés de toute relation humaine sauf loyauté envers leur seigneur de guerre, étaient les soldats les plus redoutables d'Europe, et chaque nouvelle terre chrétienne qu'ils conquéraient était un nouveau champ de recrutement pour leur corps. L'Empire ottoman a littéralement vidé le sang de ses victimes, et son histoire en tant qu'État vampire est sans précédent dans l'histoire du monde.

LA DEUXIÈME ÉTAPE : ABD-UL-HAMID.

Ce fut la première étape de l'histoire ottomane ; la seconde, inévitable dans un État purement militaire, était la décadence interne et externe. L'Empire fut interrompu par l'Autriche, la Russie et d'autres puissances étrangères ; les peuples soumis ont commencé à reconquérir leur liberté en se libérant du joug turc. Un bon gouvernement aurait fait face à ces dangers en améliorant les conditions de l'Empire. Elle aurait tenté de contenter les peuples assujettis, de laisser libre cours à leurs capacités de développement, d'en faire un rempart contre les ennemis extérieurs. Mais le gouvernement turc n'a pas eu l'imagination ni la bonne volonté pour adopter une telle politique. Elle n'avait rien d'autre que sa tradition militaire de violence et de ruse, et elle essayait d'éviter les conséquences de sa propre pourriture en rendant les peuples soumis encore plus faibles et plus misérables qu'elle. Telle était la politique d'Abd-ul-Hamid, qui régna de 1876 à 1908, et sa méthode consistait à opposer les races les unes aux autres. Les Kurdes furent encouragés à massacrer les Arméniens ; les soldats turcs reçurent l'ordre de se joindre au massacre lorsque les Arméniens opposèrent une résistance. Les Bulgares furent autorisés à former des bandes armées pour « bulgariser » les villages de Macédoine, et les Grecs à former leurs propres bandes pour leur résister ; les paysans macédoniens étaient harcelés par les deux partis, et s'ils hébergeaient les bandes pour éviter d'encourir leur vengeance, les troupes turques arrivaient et incendiaient le village pour trahison envers l'État ottoman.

LA TROISIÈME ÉTAPE : LES JEUNES TURCS.

Dans un premier temps, les peuples soumis payaient leur tribut en enfants et étaient ensuite livrés à eux-mêmes. Dans un deuxième temps, ils furent poussés à se détruire les uns les autres par la politique machiavélique d'Abd-ul-Hamid. La troisième étape a été introduite par les Jeunes-Turcs, et ils ont détruit les races soumises par une action gouvernementale systématique – un gouvernement employant ses ressources au meurtre de son propre peuple. Et cela s'est poursuivi avec une vigueur et une cruauté redoublée depuis que le gouvernement turc est entré en guerre et qu'il s'est assuré du soutien de l'Allemagne pour défier le monde civilisé.

Les Jeunes Turcs sont des « nationalistes » qui ont étudié à l'école allemande et magyare. Leur idée nationale est d'imposer leur propre nationalité par la force aux autres. Lorsque les Jeunes Turcs arrivèrent au pouvoir en 1908, ils annoncèrent un programme « d'ottomanisation ». Toutes les langues de l'Empire, à l'exception du turc, devaient être chassées du champ de bataille ; Le turc devait être la seule langue du gouvernement, et même de l'enseignement supérieur. La majorité non turque devait être assimilée par la contrainte à la minorité turque. Le programme a été calqué sur la « prussianisation » des Polonais et la « magyarisation » des Roumains, des Slovaques et des Slaves du sud en Hongrie, que les Alliés déclarent leur intention de libérer également de la domination étrangère dans une autre clause de leur Note. Mais dans leur nationalisme comme dans leur militarisme, les Turcs sont allés plus loin que leurs homologues européens. Les Prussiens exproprient les propriétaires fonciers polonais contre le paiement d'un prix pour leurs terres ; les Turcs chassent les Grecs et les Bulgares démunis de leurs foyers et de leurs possessions. Les Magyars mobilisent des troupes pour terroriser les Slovaques et les Roumains lors des élections ; les Turcs enrôlent les criminels de leurs prisons dans la gendarmerie pour exterminer la race arménienne. Dès le début de leur régime, les Jeunes-Turcs ont poursuivi leur programme nationaliste par la boucherie. Les massacres d'Adana en 1909, le massacre d'Arméniens le plus terrible entre les massacres hamidiens de 1895-1896 et ceux actuellement en cours, se sont produits moins d'un an après la proclamation de la Constitution Jeune-Turque, qui garantissait des droits de citoyenneté égaux à tous les habitants du pays. L'empire. En 1913, l'armée turque était engagée dans l'extermination des Albanais parce qu'ils avaient un esprit national non ottoman. Ces travaux furent interrompus par la guerre balkanique, mais les Turcs se vengeèrent de leur défaite dans cette guerre, qui libéra de leur joug d'importantes populations grecques et slaves, en exterminant tous les Grecs et Slaves restés sur le territoire qu'ils conservaient encore. Ils s'en sont occupés entre la fin des Balkans et le début de la guerre européenne, et la Grèce était à nouveau au bord d'une guerre avec la Turquie pour protéger le reste des Grecs au pouvoir de la Turquie, lorsque la crise a été surmontée. par le plus grand conflit. Dès que la Turquie est devenue l'alliée de l'Allemagne, l'Allemagne a empêché les Jeunes Turcs de persécuter leurs sujets grecs, car il n'était pas dans l'intérêt de l'Allemagne que la Grèce soit impliquée dans la guerre aux côtés de l'Entente. Mais elle leur a laissé les mains libres avec leurs autres peuples soumis, et le résultat a été les *atrocités arméniennes et arabes*, qui ont commencé en 1915 et se sont poursuivies depuis.

LES ATROCITÉS ARMÉNIENNES DE 1915.

Seul un tiers des deux millions d'Arméniens de Turquie ont survécu, et cela au prix de l'apostasie envers l'Islam ou bien de tout ce qu'ils possédaient et de la fuite à travers la frontière. Les réfugiés ont vu leurs femmes et leurs enfants mourir au bord de la route, et l'apostasie aussi, pour une femme, impliquait la mort vivante du mariage avec un Turc et l'inclusion dans son harem. Les deux tiers restants ont été « déportés », c'est-à-dire qu'ils ont été emmenés en bandes loin de chez eux, sans nourriture ni vêtements pour le voyage, dans une chaleur accablante et un froid glacial, sur des centaines de kilomètres sur des routes de montagne accidentées. Ils furent pillés et tourmentés par leurs gardes et par des bandes de brigands subventionnés, qui fondaient sur eux dans le désert, et avec lesquels leurs gardes fraternisaient. Assoiffés de soif, ils étaient tenus à l'écart de l'eau à coups de baïonnette. Ils moururent de faim, de froid et d'épuisement, et dans des endroits isolés, les gardes et les voleurs se jetèrent sur eux et les assassinèrent par lots, certains à la première halte après le départ, d'autres après avoir enduré des semaines de ce voyage angoissant. Environ la moitié des déportés — et il y en avait au moins 1 200 000 — ont péri ainsi au cours de leur voyage, et l'autre moitié meurt depuis lors d'une mort lente, à la fin de son voyage ; car ils ont été déportés vers les régions les plus inhospitalières de l'Empire ottoman : les marais paludéens de la province de Konia ; les rives de l'Euphrate où, entre la Syrie et la Mésopotamie, il traverse un désert pierreux ; la voie sensuelle et complètement désolée du chemin de fer du Hedjaz. Les exilés encore en vie ont souffert plus que ceux qui ont péri au début dans la violence.

La même campagne d'extermination a été menée sans discrimination contre les chrétiens nestoriens à la frontière perse et contre les Arabes de Syrie, chrétiens et musulmans. En Syrie, la terreur règne. Les dirigeants arabes ont déjà été emprisonnés, exécutés ou déportés, et la masse du peuple reste paralysée, attendant le sort des Arméniens et redoutant à chaque instant d'entendre le décret d'extermination.

Cette destruction massive, qui a déjà frappé deux des peuples soumis en Turquie, et menace tous ces 60 pour cent. de la population qui ne parle pas turc, est l'œuvre directe du gouvernement turc. Le « Plan de Déportation » fut élaboré par le gouvernement central de Constantinople et télégraphié simultanément à toutes les autorités locales de l'Empire ; elle fut exécutée par les fonctionnaires, la gendarmerie, l'armée et les bandes de brigands et de criminels organisés au service du gouvernement. Aucun État ne pourrait être plus entièrement responsable d'un acte commis à l'intérieur de ses frontières que l'État ottoman n'est responsable des crimes épouvantables qu'il a commis contre ses peuples soumis pendant la guerre.

« Radicalement étranger à la civilisation occidentale. »

Ces crimes, et les phases de l'histoire ottomane qui les ont précédés, démontrent, dans le langage de la note des Alliés, que « *l'Empire ottoman s'est révélé radicalement étranger à la civilisation occidentale* ». Là où la domination ottomane s'est étendue, la civilisation a péri. Tant que la domination ottomane a duré, la civilisation est restée en suspens. Elle n'a ressurgi que lorsque les peuples opprimés, au prix de leur propre sang et avec l'aide de nations civilisées plus heureuses qu'eux, ont réussi à se débarrasser du joug turc ; et ces luttes ont été tellement regagnées pour la liberté et le progrès dans le monde que le fait d'infliger la domination turque à un autre peuple a été une perte incalculable.

Les Alliés sont déterminés à mettre un terme à cette longue histoire d'horreur. Ils « *libéreront les peuples qui se trouvent désormais sous cette tyrannie meurtrière* ». Mais ils ne proclament aucune intention tyrannique contre les Turcs eux-mêmes. Dans une autre clause de leur note, ils notent que « *leur intention n'a jamais été de rechercher l'extermination ou l'extinction politique des peuples germaniques* ». La déclaration vaut, implicitement, pour les peuples magyar, bulgare et turc qui sont les alliés des peuples germaniques. Il existe des régions d'Asie Mineure où le Turc est l'occupant incontesté du territoire. Les Alliés n'ont pas l'intention de « déporter » ou d'exterminer les Turcs de ces régions, comme les Turcs ont déporté les Arméniens des régions qui leur appartiennent. Le Turc, comme l'Allemand, le Magyar et le Bulgare, restera à sa place. Hors du vaste territoire sur lequel il domine actuellement, il lui sera permis de conserver sa juste livre de chair, mais malheur à lui désormais s'il verse une goutte de sang chrétien.

La réorganisation de l'Europe.

Ce règlement de la Turquie est un élément logique du but général des Alliés dans la guerre : « *La réorganisation de l'Europe, garantie par un règlement stable, fondé*

*également sur le principe des nationalités, sur le droit que tous les peuples, petits ou grands,
, doivent jouir d'une sécurité totale et d'un libre développement économique, ainsi que
d'accords territoriaux et d'arrangements internationaux conçus de manière à garantir les
frontières terrestres et maritimes contre des attaques injustes. »*

Cet objectif n'est pas une invention d'hier ; c'est l'aspiration de tous les
amoureux de la liberté depuis un siècle.

« *Que les Turcs* , » a dit M. Gladstone dans un discours célèbre, « *mettent
maintenant fin à leurs abus de la seule manière possible, c'est-à-dire en s'emportant eux-
mêmes. Leurs Zaptiehs et leurs Mudirs, leurs Bimbashis et leurs Yuzbashis, leurs
Kaimakams et leurs Pachas, tous et tous, sac et bagages, seront, je l'espère, expulsés de la
province qu'ils ont désolée et profanée. »*

La province pour laquelle M. Gladstone a plaidé était la Bulgarie ; mais depuis
que la Bulgarie est affranchie, les autres peuples restés encore sous la tyrannie
ont souffert des horreurs infiniment pires par leur étendue et leur iniquité
que celles qui, en 1876, soulevèrent l'indignation du monde.

Heinrich von Treitschke aimait beaucoup de choses plus que la liberté, mais
la profanation de la liberté par le Turc lui arracha une dénonciation aussi forte
que celle de Gladstone. « *Un avenir proche* , écrit-il, *effacera, il faut l'espérer, le
scandale qu'un tel paganisme ait jamais pu s'établir sur le sol européen. Qu'a fait cet
Empire turc en trois siècles entiers ? Il n'a fait que détruire. »*

Treitschke et Gladstone, des hommes qui défendaient des idéaux très
différents en Europe, appelèrent tous deux d'une seule voix à la libération du
Turc ; et les Alliés luttent désormais pour mener à bien ce pour quoi ils se
sont efforcés.

LE PRINCIPE DES NATIONALITÉS.

En colonisant la Turquie, les Alliés couronneront manifestement une tâche
historique à laquelle ils ont eux-mêmes travaillé dans le passé. La *libération des
peuples soumis de Turquie* et la *réorganisation selon le principe des nationalités des pays
soumis à la tyrannie meurtrière* du sultan ont commencé il y a un siècle avec les
luttes nationales pour l'indépendance des Serbes et des Grecs, luttes qui
faisaient partie de la lutte générale pour l'indépendance des Serbes et des
Grecs. liberté en Europe et qui a inspiré les peuples d'autres pays soumis.
L'Angleterre, la France et la Russie sont intervenues en 1827 pour assurer à
la Grèce la récompense de son héroïsme alors qu'elle était sur le point de
succomber à son oppresseur ; La Russie a contraint la Turquie à reconnaître
l'autonomie serbe dans son traité de paix avec la Turquie en 1831 ; De
nouveau, la Russie, en prenant les armes en 1877, libéra la Roumanie et la
Serbie de la suzeraineté turque, libéra davantage de leurs frères opprimés

pour la Serbie et la Grèce et rendit à la Bulgarie son existence nationale. Lors de la guerre balkanique de 1912-1913, les nations balkaniques ont poursuivi le travail par leurs seules forces et ont expulsé l'Empire ottoman de toutes les provinces qu'il tyrannisait encore en Europe, à l'exception de Constantinople et de Thrace. En 1916, le Chérif de La Mecque, à l'extrémité opposée du domaine du conquérant ottoman, libère une province arabe et la Ville sainte arabe dont il est le chef légitime. Il appartient à l'Entente de libérer les Arabes de Syrie et les Arméniens, qui ne peuvent pas se sauver.

Les Syriens et les Arméniens n'ont pas, comme le prétendent les Turcs et les Allemands, été déloyaux envers la Turquie à l'heure du danger. Les conscrits arabes et arméniens se sont battus consciencieusement pour une cause qui n'était pas la leur dans la guerre des Balkans et dans le conflit actuel, plus terrible encore. Leurs dirigeants sont trop prudents et le peuple trop pacifique, leur enjeu est trop grand, leurs forces sont trop dispersées pour leur permettre d'envisager un instant de prendre les armes. Mais leur conduite loyale et directe ne les a pas préservés de la férocité de leurs dirigeants turcs ; cela n'a fait que les exposer à un plan d'extermination de sang-froid que les Jeunes-Turcs poursuivent en ce moment de toutes leurs forces. La rédemption de ces peuples innocents de l'enfer dans lequel ils ont été jetés et où ils resteront à l'agonie aussi longtemps que le militarisme ottoman et prussien tiendra le coup, incombe aux Alliés s'ils veulent tenir leur parole.

CONSTANTINOPLE.

C'est ce que les Alliés doivent au *principe des nationalités dans le règlement de la Turquie*. Mais ils s'engagent en outre à revendiquer *le droit qu'ont tous les peuples, petits ou grands, à la jouissance de la pleine sécurité et du libre développement économique*, et cela touche au statut de Constantinople.

Constantinople, depuis que les Turcs l'ont conquise par son dernier empereur chrétien en 1453, est la capitale politique de l'Empire ottoman. Mais depuis qu'elle est une ville, elle constitue également la clé stratégique et économique de la mer Noire, conditionnant la sécurité et dominant le développement économique de tous les peuples riverains de la mer Noire. C'est la ville la plus cosmopolite du monde. C'est aux Turcs qu'appartient actuellement le droit de conquête, mais ce droit justifie son expulsion par la guerre s'il justifie son intrusion initiale, et si l'on considère des considérations plus larges de population, de sentiments, de traditions et de monuments du passé, Constantinople est plus véritablement la capitale de tous. les peuples chrétiens d'Orient. Mais ce n'est la possession exclusive d'aucun de ses habitants indigènes, que leur présence y date d'une époque plus ancienne ou d'une époque relativement récente. Le quartier le plus important de Constantinople est Péra, de l'autre côté de la Corne d'Or, qui est habité par une communauté marchande étrangère, aussi internationale dans sa composition que la communauté marchande du « port du traité » chinois de Shanghai. L'essentiel du commerce de transit, qui confère à Constantinople son rang de port, passe entre les mains de ces résidents étrangers. Mais même eux ne sont pas les parties les plus directement concernées par la situation économique de Constantinople et des détroits. Si les conditions ne leur conviennent pas, ils peuvent transférer leur entreprise ailleurs. Les parties pour qui le destin de Constantinople est une question de vie ou de mort sont la Russie et la Roumanie, deux pays liés à jamais par leur situation géographique pour faire leur commerce maritime à travers la mer Noire et les détroits qui y donnent accès, et donc à la miséricorde économique de toute puissance tierce qui détient entre ses mains le contrôle du détroit.

LE DROIT À UNE SÉCURITÉ TOTALE.

Et ce n'est pas une question théorique. C'est chaque année un problème pratique pour l'économie nationale de la Russie et cela introduit un facteur d'incertitude dans le commerce national de la Russie, ce qui nuit profondément à sa prospérité. En tant que souveraine des détroits, la Turquie ne possède pas seulement le droit technique de fermer les détroits à la navigation ; elle l'exerce de façon arbitraire. Les détroits ont été fermés à trois reprises par la Turquie au cours des six dernières années : pendant sa guerre avec l'Italie, pendant la guerre avec les États des Balkans et après le déclenchement de la guerre européenne, à une date antérieure à l'intervention de la Turquie elle-même dans le pays. la lutte. On peut peut-être soutenir que la fermeture était nécessaire dans chacun de ces cas d'un point de vue militaire, pour sauvegarder la propriété politique de la Turquie sur ces « eaux territoriales ». Mais si tel est le cas, c'est en soi l'argument le plus puissant pour retirer des mains d'un gouvernement indépendant et irresponsable une route commerciale dont la réglementation appropriée est essentielle au bien-être économique des peuples russe et roumain. Même si la Turquie était un État ami et stable, la situation serait difficilement tolérable ; mais en réalité, que ce soit par faute ou par malheur, elle a été en guerre plus souvent au cours du siècle dernier que tout autre État du monde, et son hostilité a été dirigée principalement contre la Russie, le pays le plus gravement touché par les perturbations du trafic à travers le monde. les détroits. La fermeture des détroits en dernière instance, alors que la Russie était en guerre contre l'Allemagne et avait un besoin urgent d'importations de fournitures, ne peut guère être interprétée autrement que comme un acte hostile – une anticipation de la guerre ouverte que la Turquie a menée à la Russie. dans les prochaines semaines. Il serait impossible de laisser cette arme économique entre les mains de la Turquie lors d'un accord de paix. En fermant les détroits au cours d'une année donnée au moment précis où la récolte russe était expédiée et prête à naviguer, et lorsque les importateurs russes avaient effectué leurs achats annuels à l'étranger à crédit jusqu'à la pleine valeur potentielle que la récolte rapporterait sur les marchés du monde, la Turquie pourrait menacer la Russie d'une crise financière proche de la faillite nationale. *La sécurité totale et le libre développement économique* de la Russie auraient disparu au-delà de l'horizon, et pas seulement pour la Russie mais pour le monde entier, car avec un tel atout en main, la Turquie et ses patrons allemands ne pourraient jamais résister à la tentation de mener une politique économique. « guerre après guerre », qui pourrait mettre la Russie à genoux et lui permettre de réaliser les ambitions qu'elle n'a pas pu réaliser par la force des armes.

PAS D'ALTERNATIVE.

C'est pourquoi le contrôle des détroits, ainsi que la domination sur les peuples soumis, doivent être retirés aux Turcs ottomans dans le cadre de la *réorganisation de l'Europe, garantie par un règlement stable* , ce qui est l'objectif des Alliés. Mais les neutres, soucieux à juste titre d'une paix aussi rapide que compatible avec la réalisation des objectifs essentiels en jeu, peuvent se demander si l'un ou les deux objectifs essentiels au règlement de l'Empire turc ne seraient pas réalisables par des mesures moins drastiques qu'une redessinage des frontières et transfert de souveraineté territoriale. La libération des peuples assujettis ne peut-elle pas être réalisée, sans porter atteinte à l'intégrité territoriale de la Turquie, par un système de délégation ou d'autonomie locale, sous garantie et contrôle extérieurs ? N'est-ce pas un domaine dans lequel les principaux belligérants des deux côtés, avec en plus les États-Unis, pourraient travailler ensemble de concert ? La réponse est que c'était précisément la solution tentée au XIXe siècle et qu'elle a finalement échoué à cause de la guerre actuelle. Au cours du XIXe siècle, le Concert européen a effectivement placé la Turquie sous une certaine tutelle. Le tarif ottoman était réglementé par traité ; les douanes et autres branches de revenus étaient gérées par une Administration internationale de la dette ottomane, représentant les détenteurs d'obligations turques. Il y a eu diverses expériences d'autonomie locale ; La Crète et le Liban jouissaient d'un gouvernement autonome sous garantie étrangère ; on a tenté de remédier à l'anarchie délibérément fomentée par le gouvernement turc en Macédoine, en obligeant le gouvernement à accepter des inspecteurs de gendarmerie étrangers avec des sphères de contrôle définies ; il y avait une promesse de réformes dans les Vilayets arméniens, exigée de la Turquie au Congrès international de Berlin, mais qui n'a jamais dépassé le stade des projets sur papier. Il est malheureusement vrai que cette tutelle européenne commune était illusoire, qu'elle n'a pas réussi à éliminer ni même à atténuer la *tyrannie meurtrière* qui a toujours caractérisé le gouvernement turc, et que les Jeunes

Turcs ont profité de la guerre pour la répudier complètement. Le peuple britannique n'a pas accepté cette conclusion à la légère ou sans réfléchir – comme il l'a implicitement acceptée en élaborant cette note commune en collaboration avec ses alliés. Ils défendent ces deux objectifs en ce qui concerne la colonisation de la Turquie – *la libération des peuples assujettis* et *l'expulsion de la Turquie de l'Europe* – avec la conviction absolue qu'ils sont nécessaires et justes. Mais cette conviction est en soi un aveu d'échec très amer. Elle marque le renversement d'une politique menée depuis un siècle ; car pendant tout le XIXe siècle, la Grande-Bretagne fut le principal défenseur de la politique visant à coloniser la Turquie par la préservation de son intégrité territoriale, sous la tutelle active du Concert européen. La diplomatie britannique a été constamment exercée en ce sens, et la croyance britannique en cette politique était si sincère qu'il y a un demi-siècle, la Grande-Bretagne s'est lancée à sa poursuite dans une guerre sanglante avec l'un de ses alliés actuels. Si la Grande-Bretagne est désormais un partisan convaincu d'un règlement alternatif et plus radical, c'est parce que le système de contrôle européen commun, après un siècle d'expériences qui ont perpétué et aggravé l'ancienne tyrannie, l'effusion de sang et le désespoir, a été finalement rendu impossible par le guerre actuelle.

LE PACTE TURCO-ALLEMAND.

C'est pour y mettre un terme que les Jeunes Turcs entrèrent en guerre aux côtés de l'Allemagne ; car le contrôle étranger s'effondre automatiquement si une grande puissance, et plus encore si un groupe de deux puissances, se démarque du concert, renonce à la responsabilité de la politique du gouvernement turc à l'égard des peuples soumis et des autoroutes économiques qu'il détient en son pouvoir. , et soutient efficacement ce gouvernement en rejetant toute prétention d'intervention de la part des autres puissances concernées. Mais tel fut le marché conclu entre l'Allemagne et les Jeunes-Turcs lorsque la Turquie attaqua les Alliés, sans provocation, en octobre 1914. Les Jeunes-Turcs mirent toutes leurs ressources économiques et militaires à la disposition de l'Allemagne. Les troupes turques (y compris bien sûr le pourcentage approprié de conscrits issus des peuples soumis) mènent les batailles allemandes sur les fronts de Riga, Halicz et Dobrudja. Les vastes ressources économiques sous-exploitées de l'Empire doivent, en cas de victoire, être ouvertes à l'exploitation allemande une fois la paix revenue. Ce sont des concessions que la Turquie s'est toujours jalousement abstenue de faire à aucune autre puissance ; et le prix que l'Allemagne a payé pour eux n'est la garantie que d'une seule chose : que les Jeunes Turcs auront les mains libres pour renoncer à tout contrôle extérieur et mener à bien leur politique « d'ottomanisation ».

Une main libre pour « ottomaniser ».

Les Turcs n'ont pas tardé à honorer leur part du marché, et ils ont été tout aussi prompts à utiliser la liberté que leur avait assurée l'Allemagne en retour. Ils ont d'abord rejeté les « capitulations » – un système de traités pas particulièrement équitables en soi, mais néanmoins des traités auxquels la Turquie s'était engagée – par lesquels les libertés civiles des résidents étrangers en Turquie étaient garanties contre les imperfections de la procédure judiciaire turque. Ensuite, ils ont répudié les traités tarifaires et leur ont substitué un nouveau tarif (récemment publié) qui leur était propre. Ensuite, ils abrogèrent le projet de réforme des Vilayets arméniens, que le Concert européen les avait finalement amenés à ratifier, et renvoyèrent les deux inspecteurs généraux, un Néerlandais et un Norvégien, qu'ils avaient eux-mêmes chargés de mettre à exécution ce projet. Mais ces ruptures de contrat étaient des délits mineurs comparés aux déportations arméniennes, dont l'horreur a été brièvement indiquée ci-dessus, et qu'ils n'osèrent pratiquer que lorsque l'expédition des Dardanelles eut échoué. Pour achever l'élimination de tout élément non turc dans l'Empire, ils tentent maintenant de se débarrasser des missionnaires américains.

La campagne contre les missionnaires.

L'attitude des Jeunes Turcs envers les Missionnaires montre que leur « nationalisme » les a rendus non seulement criminels mais fous. Les missionnaires américains travaillent en Turquie depuis plus de quatre-vingts ans. Leur but a été de faire revivre la religion chez les peuples chrétiens soumis et de leur donner une éducation moderne et éclairée ; ils ont poursuivi ce but de manière désintéressée avec un succès éclatant, et ils ont étendu leur œuvre aux musulmans dans la mesure où ces derniers ont répondu à leurs avances. Ce sont eux qui sont à l'origine de pratiquement tout l'enseignement secondaire qui existe aujourd'hui en Turquie. Les éléments les plus intelligents et les plus progressistes de la population de l'Empire ont été les plus soumis à leur influence et ont reçu d'eux un stimulant moral et intellectuel qu'ils n'auraient jamais pu trouver par eux-mêmes. Le travail éducatif des Missionnaires aurait dû être mentionné parmi les tentatives faites au XIXe siècle pour réformer progressivement la Turquie par une reconstruction intérieure ; car l'effet de cette œuvre fut bien plus pénétrant et bien plus chargé d'espoir pour l'avenir que la plupart des expédients politiques institués avec pompe et cérémonie diplomatiques par le Concert des puissances. Et les missionnaires étaient les meilleurs amis du gouvernement turc ainsi que de leurs peuples soumis. Ils ne prenaient aucune part à la politique de leurs élèves ; ils n'avaient aucun objectif politique ultérieur à servir. Ils étaient les assistants bénévoles les plus précieux que les Jeunes Turcs auraient pu avoir dans ce qui aurait dû être leurs objectifs premiers s'ils avaient agi conformément à leurs professions démocratiques, et ils étaient les assistants qu'ils avaient le moins à craindre.

Mais en réalité, les Jeunes Turcs, après avoir détruit l'œuvre des Missionnaires en exterminant les peuples assujettis chez lesquels elle s'exerçait principalement, entraînèrent à l'exil, dans la honte et à la mort les garçons et les filles de leurs écoles, torturèrent à mort les indigènes. Les professeurs que les missionnaires avaient formés pour devenir leurs collègues, ont finalement confisqué les écoles, collèges et missions américaines dans de nombreuses régions de l'Empire, et ont exercé la plus dure pression sur les missionnaires eux-mêmes pour qu'ils quittent le pays dont ils sont les missionnaires. bienfaiteurs.

Le 4 avril 1916, le journal turc *Hilal* publia un article faisant l'éloge d'une conférence donnée par un membre du Reichstag allemand appelé Traub, dans lequel le conférencier se serait déclaré « opposé à toute activité missionnaire dans l'Empire turc ».

« La suppression, écrit *Hilal*, des écoles fondées et dirigées par des missions ecclésiastiques, mesure qui suit l'abolition du régime capitulaire, n'était pas moins importante. Grâce à leurs écoles, les étrangers pouvaient exercer une grande influence sur la jeunesse du pays et étaient pratiquement responsables de l'orientation spirituelle et intellectuelle de notre pays. En les fermant, le Gouvernement a mis fin à une situation aussi humiliante que dangereuse....''

C'est la politique d'ottomanisation. Mais cela a été exprimé plus crûment par un gendarme turc lors d'une conversation avec une sœur de la Croix-Rouge danoise, qui avait été licenciée de son poste dans un hôpital d'Erzindjan pour avoir protesté contre les déportations arméniennes. « 'D'abord', dit-il, 'nous tuons les Arméniens, puis les Grecs, puis les Kurdes'. Il aurait certainement été ravi d'ajouter : 'Et puis les étrangers.' » [2]

L'ALLIANCE TURCO-ALLEMANDE.

S'ils n'avaient pas eu le soutien moral et militaire de l'Allemagne, les Jeunes Turcs n'auraient jamais pu mener cette dernière campagne d'extermination contre tous les éléments de bien des pays et des peuples qui sont en leur pouvoir. Mais ce n'est pas par hasard que les Turcs et les Allemands se sont unis pour atteindre ces objectifs impies.

Pour poursuivre son ambition, l'Allemagne a trouvé des instruments précieux dans les empires des Habsbourg et ottoman. Ces États seraient des anachronismes dans une Europe libre et démocratique et étaient destinés, si tout se passait bien avec le développement du monde, à se transformer en fédérations volontaires ou bien à se dissoudre en leurs peuples constitutifs. Mais ni la fédéralisation ni la dissolution ne convenaient aux intérêts de la minorité tyrannique qui a jusqu'à présent dominé et exploité chacun de ces empires à ses propres fins égoïstes. Dans l'Empire des Habsbourg, les tyrans sont l'aristocratie magyare corrompue qui domine la Hongrie et, à travers la Hongrie, l'Empire dans son ensemble. Dans l'Empire ottoman, ce sont les Jeunes Turcs, une société secrète avec son comité central à Constantinople et ses comités sectoriels dans les provinces, et avec une bande d'aventuriers sordides comme marionnettes à la tête nominale de ce qui prétend être un gouvernement démocratique.

Les Jeunes Turcs et l'oligarchie magyar comprirent que la garantie de la Prusse, et elle seule, pouvait préserver leur tyrannie contre les progrès de la démocratie en Europe. Les Prussiens voyaient que les Turcs et les Magyars pouvaient leur vendre 70 000 000 d'êtres humains pour du « canonen futter », en plus des 70 000 000 d'Allemands, de Polonais, d'Alsaciens et de Danois qu'ils possédaient déjà. Ces 70 millions supplémentaires semblaient mettre la domination mondiale à leur portée. Le marché fut conclu, et la guerre fut conclue, sous laquelle le monde entier souffre, et doit encore souffrir pendant un temps, si l'on veut sauver la liberté et mettre fin tardivement au mal de siècles.

Il n'y a aucune possibilité de revenir au *statu quo* avant août 1914 — premièrement, parce que le *statu quo* sous les Turcs était lui-même la simple perpétuation d'une oppression et d'une misère qui ont déshonoré le monde civilisé et auxquelles il aurait fallu mettre fin bien avant ; et deuxièmement, parce que la situation a été indiciblement pire pendant la guerre qu'elle ne l'était avant. Tous les éléments de bien qui avaient maintenu leur existence sous le gouvernement turc et qui avaient rendu moins intolérable un système qui en soi était trop méchant pour survivre, sont aujourd'hui éradiqués par la déportation, la spoliation, l'enlèvement et le massacre. Le mal s'est entièrement purgé du bien. La tyrannie turque a été stimulée par l'alliance allemande et a donné une vitalité surnaturelle, et les Confédérés centraux rêvent de ramener l'horloge de l'Europe du Sud-Est un siècle en arrière. En débauchant l'un des États balkaniques en le gavant des dépouilles des autres, ils espèrent anéantir complètement la liberté dans les Balkans, reconquérir au militarisme le terrain que le XIXe siècle a conquis ici à la démocratie et construire par-dessus un pont par lequel trois peuples tyranniques, le Prussien, le Magyar et le Turc, s'uniront pour dominer et détruire sans interférence une multitude de peuples plus petits et plus faibles, de l'Alsace à la Roumanie et du Schleswig à Bagdad.

Il ne s'agit pas d'améliorer le *statu quo* . Le *statu quo* en Turquie, irrémédiable auparavant, est en train d'être activement transformé en quelque chose d'infiniment pire, et cela s'accomplit, derrière le rempart du militarisme, sous les yeux du monde civilisé.

C'est pourquoi les objectifs des Alliés sont drastiques, mais c'est aussi pourquoi ils *n'éprouvent aucune difficulté à les énoncer au grand jour* . L'Allemagne, qui n'a pas, comme les Alliés, répondu à la demande du président Wilson parce qu'elle a honte de ses objectifs et n'ose pas affronter l'accueil qu'ils recevraient de la part de tous les peuples libres et démocratiques du monde civilisé, profitera sans doute autant qu'elle le peut des Réplique des alliés plus franche et plus honorable. En prévision de telles manœuvres insidieuses, la *tyrannie meurtrière des Turcs* , tant pendant la guerre que pendant les siècles qui l'ont précédée, a été exposée ici pour le jugement du lecteur.

Notes de bas de page.

[1] Le mot « Turc » est ici utilisé comme équivalent à « turcophone » ; mais bien sûr, seule une fraction de la population turcophone actuelle de l'Empire ottoman est d'origine turque. Le reste est constitué d'éléments indigènes plus anciens, assimilés de force par la poignée de conquérants turcs d'Asie centrale.

[2] Voir la publication officielle britannique : « Le traitement des Arméniens dans l'Empire ottoman » (Misc. 31, 1916.)